étude et mise en place d'un système informatisé de transfert
d'argent

Cédric Djeutcheu

étude et mise en place d'un système informatisé de transfert d'argent

étude et mise en place d'un système de transfert d'argent inter-agences

Éditions universitaires européennes

Mentions légales / Imprint (applicable pour l'Allemagne seulement / only for Germany)
Information bibliographique publiée par la Deutsche Nationalbibliothek: La Deutsche Nationalbibliothek inscrit cette publication à la Deutsche Nationalbibliografie; des données bibliographiques détaillées sont disponibles sur internet à l'adresse http://dnb.d-nb.de.
Toutes marques et noms de produits mentionnés dans ce livre demeurent sous la protection des marques, des marques déposées et des brevets, et sont des marques ou des marques déposées de leurs détenteurs respectifs. L'utilisation des marques, noms de produits, noms communs, noms commerciaux, descriptions de produits, etc, même sans qu'ils soient mentionnés de façon particulière dans ce livre ne signifie en aucune façon que ces noms peuvent être utilisés sans restriction à l'égard de la législation pour la protection des marques et des marques déposées et pourraient donc être utilisés par quiconque.

Photo de la couverture: www.ingimage.com

Editeur: Éditions universitaires européennes est une marque déposée de
Südwestdeutscher Verlag für Hochschulschriften GmbH & Co. KG
Dudweiler Landstr. 99, 66123 Sarrebruck, Allemagne
Téléphone +49 681 37 20 271-1, Fax +49 681 37 20 271-0
Email: info@editions-ue.com

Produit en Allemagne:
Schaltungsdienst Lange o.H.G., Berlin
Books on Demand GmbH, Norderstedt
Reha GmbH, Saarbrücken
Amazon Distribution GmbH, Leipzig
ISBN: 978-613-1-59218-8

Imprint (only for USA, GB)
Bibliographic information published by the Deutsche Nationalbibliothek: The Deutsche Nationalbibliothek lists this publication in the Deutsche Nationalbibliografie; detailed bibliographic data are available in the Internet at http://dnb.d-nb.de.
Any brand names and product names mentioned in this book are subject to trademark, brand or patent protection and are trademarks or registered trademarks of their respective holders. The use of brand names, product names, common names, trade names, product descriptions etc. even without a particular marking in this works is in no way to be construed to mean that such names may be regarded as unrestricted in respect of trademark and brand protection legislation and could thus be used by anyone.

Cover image: www.ingimage.com

Publisher: Éditions universitaires européennes is an imprint of the publishing house
Südwestdeutscher Verlag für Hochschulschriften GmbH & Co. KG
Dudweiler Landstr. 99, 66123 Saarbrücken, Germany
Phone +49 681 3720-310, Fax +49 681 3720-3109
Email: info@editions-ue.com

Printed in the U.S.A.
Printed in the U.K. by (see last page)
ISBN: 978-613-1-59218-8

SOMMAIRE

DEDICACES

Je dédie le présent travail à mes très chères mamans, EMAHA Thérèse et TOWO Octavie ainsi qu'à papa DJEUTCHEU Jacques, pour leur soutien inlassable dans mes études.

REMERCIEMENTS

La rigueur scientifique et les exigences d'un travail de recherche sont souvent au-delà des seules capacités de l'étudiant. Ceci dit, il serait audacieux pour nous d'entrer dans le vif du sujet sans remercier ceux qui de près ou de loin ont contribué à la réalisation de ce modeste travail.

Nous tenons ainsi à remercier :

- Le Christ Jésus pour nous avoir donné la force et le courage d'arriver au bout de nos efforts ;

- M. Euloge TAPANG, pour avoir accepté de diriger notre mémoire ;

- Tous les enseignants du département informatique de l'Institut Supérieur de Management ;

- M. Lucas SAMO, Directeur Général de COMECI S.A. pour avoir donné son accord afin de nous permettre d'effectuer notre stage ;

- Tout le personnel de COMECI-Bonabéri pour l'accueil chaleureux qui nous a été réservé ainsi que son soutien moral ;

- Nos frères et sœurs Eric, Christian, Fabrice, Claude Josiane, Diane et Mylène pour leur soutien sur tous les plans et leur affection ;

- Nos beaux frères et belles sœurs Jules, Guy-Martial, Clotilde et Juliette pour leur soutien continu dans notre formation ;

- Nos neveux et nièces Jean-Philippe, Jack, Maxime, Jérémy, Kayla, Jade, Anne-Sophie, Bridget et Jamila ;

- Toute la grande famille Fayeu Moni ;

- Tous les camarades de la promo Génie logiciel-ISMA-2010 ainsi que tout ceux que nous avons omis de citer, que chacun se retrouvent dans ce document.

AVANT-PROPOS

L'Institut Supérieur de management (ISMA) est un établissement privé d'enseignement supérieur, créé suite à l'autorisation N° 99/0167 du 25 Novembre 1999 du Ministère de l'enseignement supérieur et placé sous la tutelle de l'Université de Dschang.

Il offre actuellement 2 cycles de formation :

I. Cycle BTS (10 spécialités) :

- Gestion Logistique et Transport ;
- Banques et Finances ;
- Maintenance des systèmes informatiques ;
- Communication d'entreprise ;
- Secrétariat Bureautique Bilingue ;
- Informatique de Gestion ;
- Commerce International ;
- Secrétariat de direction ;
- Action commerciale ;
- Comptabilité et Gestion des entreprises

II. Cycle de Licence Professionnelle (10 spécialités) :

- Génie Logiciel ;
- Réseaux et Multimédia ;
- Gestion des ressources humaines ;
- Marketing Manager Opérationnel ;
- Comptabilité Control et Audit ;
- Gestion de la qualité ;
- Banque ;
- Publicité ;
- Transport/Logistique ;
- Merchandising.

PRESENTATION DU MEMOIRE DE FIN D'ETUDES

Les étudiants de 3ème année du cycle de Licence professionnelle de l'Institut Supérieur de Management (ISMA), dans le cadre de leur mémoire de fin d'études, effectuent des travaux en entreprise durant une période de trois mois en vue d'apporter des solutions scientifiques et techniques. C'est le lieu pour l'étudiant de mettre en pratique les connaissances acquises durant sa formation.

Les travaux du mémoire se sont déroulés comme suit :

- Recherches bibliographiques
- Etude et mise en place du prototype
- Rédaction du mémoire

Le thème de ce mémoire s'intitule : *« Etude et mise en place d'un système informatisé de Transfert d'Argent inter-agences COMECI ».*

Ce système constitue un produit de COMECI (Compagnie Equatoriale pour l'Epargne et le Crédit d'Investissement) dans sa politique d'innovation et dont l'étude et la mise en place nous a été confiée.

Les travaux de mémoire se sont déroulés de concert avec COMECI à travers sa division informatique ainsi qu'avec M. Euloge TAPANG, Ingénieur informaticien et architecte des entrepôts de données qui a dirigé ce travail.

Notons cependant, que tous les travaux réalisés dans le cadre de ce mémoire ont été conduits au sein du siège de COMECI ainsi que la mise en place du système et de l'environnement de travail d'exploitation de celui-ci.

INTRODUCTION

Les institutions bancaires en général et micro-financières en particulier sont en pleine mutation socio-économique se caractérisant par une course aux technologies de l'information et de la communication (TIC).

De plus en plus, les banques s'organisent en agences décentralisées et réparties sur des espaces géographiques distincts. Cet état de fait implique qu'il y ait des plateformes de communication entre agences afin de mieux coordonner et d'avoir une vue globale sur l'ensemble de leurs des activités.

De ce fait, la Compagnie Equatoriale pour l'Epargne et le Crédit d'Investissement (COMECI), qui du reste s'intègre pleinement à ce type d'organisation à savoir, l'existence d'un site central connecté aux différentes agences réparties sur l'ensemble du territoire national, entend pour sa part exploiter au mieux son réseau national en s'inspirant des nouvelles perspectives qu'offrent les TIC. Et ce, pour mieux conduire sa politique d'innovation et sa stratégie d'intégration sur le marché national en répondant aux besoins croissants de sa clientèle, et offrir de nouveaux services à son environnement extérieur.

C'est dans cet esprit que nous avons choisit comme mission au sein de l'entreprise d'élaborer le concept de notre projet de mémoire afin de permettre une exécution plus rapide dans le transfert informatisé d'argent inter-agences et cela à des tarifs compétitifs. Conscient de l'importance de ce projet initié par nous-mêmes, nous avons décidé de mettre sur pied un système de transfert d'argent propre à l'entreprise.

Ainsi est né le projet d'étude et de mise en place d'un système informatisé de transfert d'argent inter-agences COMECI dont l'objectif visé est l'amélioration de la qualité du système d'information de transfert au sein de l'institution.

Pour le présent mémoire de fin de cycle et en vue d'atteindre l'objectif fixé, nos travaux porteront sur le recueil de l'existant, l'analyse des besoins, la conception, l'étude technique du système de transfert et enfin l'implémentation d'un prototype répondant aux besoins réels de l'institution.

PREMIERE PARTIE

LE CONTEXTE D'ACCUEIL

I. DESCRIPTION DE L'ENVIRONNEMENT DE TRAVAIL

1. <u>Présentation générale de COMECI</u>

⇨ **Raison sociale** : COMECI S.A.

⇨ **Siège social** : Douala-Akwa

⇨ **Date de création** : 30 Juillet 1997

⇨ **Adresse** : 15348 Douala

⇨ **TEL/FAX** : + 237 34355458

⇨ **Localisation** : 858, Boulevard de la République

⇨ **Capital** : 1000 000 000 FCFA

⇨ **Forme juridique** : Société Anonyme (S.A.)

⇨ **Registre de commerce** : N° LT/CO/2897/1837

⇨ **Objet social** : Epargne et Crédit

⇨ **Président du conseil d'administration** : M. SIMO François

⇨ **Directeur Général** : M. Lucas SAMO

2. <u>Synthèse de l'existant informatique de l'entreprise d'accueil</u>

a. Objectifs de la synthèse de l'existant

Cette synthèse sur l'existant informatique de COMECI a pour but de faire une analyse de l'existant en termes de ressources matérielles et logicielles. Elle nous a permis de mener à bien les objectifs suivants :

- évaluer la situation actuelle en faisant ressortir les ressources existantes au sein de l'agence centrale ;
- avoir les éléments concernant l'environnement d'exploitation général des ressources de l'entreprise ;
- faire des suggestions pour le futur.

En d'autres termes, ces travaux d'analyse nous ont permis de décrire la situation actuelle de l'entreprise et de dégager les ressources susceptibles d'être prises en compte dans les besoins qui seront nécessaires pour la mise en œuvre du système de transfert d'argent.

b. Démarche suivie pour l'analyse de l'existant

Lors de nos travaux, l'étude de l'existant nous a conduit à interviewer certaines personnes à l'instar de :

- le responsable informatique, rencontré pour les informations concernant les ressources matérielles et logicielles dont disposent l'institution ;
- le chef d'agence de Bonabéri : pour les informations concernant la procédure de transfert d'argent au sein de l'entreprise.

c. Recueil de l'existant

Le réseau national de COMECI : Le réseau national de COMECI est un grand réseau informatique reliant ses 19 agences au site central de la banque localisé à Douala-Akwa à travers son réseau privé virtuel (VPN). Chaque agence est munie d'un réseau local de type Ethernet avec un câblage en paires torsadées où chaque poste est relié à un commutateur ou Switch.

Les ressources informatiques : Le tableau suivant montre les équipements que la société déploie en son sein en nombre approximatifs :

Tableau 1 : Equipements informatiques de COMECI S.A

EQUIPEMENTS OU TERMINAUX DE TRAITEMENT DE DONNEES	Nombre d'occurrences
Micro-ordinateurs	210
Imprimantes	70
Scanners	24
OUTILS DE TRAVAIL	**Nombre d'occurrences**
Fax	21
Photocopieuses	10

Source : Division informatique COMECI S.A

> **Les Systèmes d'Exploitation**
- Windows XP
- Windows Server 2003

Les ressources Réseaux

Tableau 2 : Equipements réseaux de COMECI S.A

EQUIPEMENTS	Nombre d'occurrences
Serveurs	1
Routeurs	21
Switch	30
Câbles RJ45	210

Source : Division informatique COMECI S.A

> **Utilitaires et Logiciels d'Applications**

Tableau 3 : Logiciels utilisés au sein de COMECI S.A

Suite bureautique	Outils de compression et décompression de fichiers	Logiciels de gestion	Logiciel de gravure
Microsoft Office 2003	Winrar, Winzip	Sage Saari : (gestion comptable, commerciale et financière)	Nero Startsmart
		Netsoft Banque v5.10 : (gestion bancaire)	

Source : Division informatique COMECI S.A

d. Description du système actuel de transfert

Dans cette rubrique, nous présentons la procédure actuelle de transfert au sein de l'entreprise :

Lorsque le client arrive au sein de l'agence, en cas d'**envoi** de fonds , il remplit un premier bordereau de versement dans lequel il inscrit le code de l'agence destinatrice qui lui est communiqué par le responsable du guichet, le montant à transférer, le bénéficiaire qui représente le nom de l'agence destinatrice ainsi que le nom de celui à qui sont destinés les fonds et les détails du montant à transférer. Par la suite, l'agence émettrice du transfert envoi un fax à la direction générale qui se chargera de transférer les informations à l'agence destinatrice afin de permettre au bénéficiaire de rentrer en possession des fonds.

Dans le cas d'**un retrait** d'argent, le client présente une photocopie de sa carte d'identité qui sera envoyée par fax à la direction générale pour vérification. En cas de succès, l'agence centrale renvoi un fax à l'agence destinatrice qui fait office d'ordre de payement. A ce moment, il est établit un chèque de retrait à l'ordre du bénéficiaire afin de lui permettre de rentrer en possession des fonds qui lui sont dûs.

Suite à cette étude, nous avons décelé plusieurs problèmes de lenteur et de retard dans le processus de transfert d'argent. D'où les plaintes et la perte des clients. Afin d'apporter une solution efficace et de remédier à ces nombreux désarrois, nous avons décidé d'élaborer un système informatisé de transfert d'argent inter-agences.

Aperçu de quelques systèmes de transfert existants

Les institutions de banques en général et micro-financières en particulier sont dotées aujourd'hui de nombreux systèmes d'information de transfert d'argent répondant de plus en plus aux besoins de la clientèle à l'échelle nationale et internationale.

Nous avons choisi certaines entreprises qui mettent aujourd'hui, ce service à disposition de leurs clients :

- **BICEC** : qui est doté du système de transfert d'argent national et international **Western Union.** Ce système est, utilisé par la plupart des institutions bancaires et micro-financières ;

- **Money Gram :** équipé d'un système de transfert d'argent permettant d'effectuer des transactions dans plusieurs pays et ayant presque les mêmes fonctionnalités que Western Union à la seule différence qu'il est propre à une institution précise ;

- **Express Union** qui est aussi doté d'un système de transfert d'argent répandu sur le territoire national ; et est le leader du secteur ;

- **Express Exchange** qui offre aussi des transactions d'argent au même titre que Western Union.

Au vu de tout ceci, nous souhaitons proposer à COMECI un système de transfert informatisé baptisé « **COMETRANS** » comme ceux-suscités en vue de répondre aux attentes de sa clientèle tout en restant bien évidemment à l'écoute de celle-ci.

DEUXIEME PARTIE :
PRESENTATION DU PROJET DE MISE EN PLACE D'UN SYSTEME INFORMATISE DE TRANSFERT D'ARGENT INTER-AGENCES COMECI

I. PRESENTATION DU PROJET

Le projet soumis à notre étude porte sur la mise en place d'un système informatisé de transfert d'argent inter-agences COMECI. Il vise à fournir des services de transfert de fonds aux clients permanents de la micro-finance ou toutes autres personnes désirant faire des transferts à des tarifs étudiés.

Ces services s'étendent à toutes les agences de la micro-finance sur le réseau national.

Description d'une procédure de transfert d'argent : envoi et réception

Figure. 1 : Description d'une procédure de transfert d'argent

Expéditeur ──────────────►

« Guichet agence X »

« Guichet agence Y »

Source : L'auteur

2. Connexion au système pour saisir, rechercher et vérifier le transfert dans la base de données avec une mise à jour des données du système

6. Connexion au système pour envoyer le transfert qui sera enregistré

Un expéditeur se présente dans une agence X de COMECI pour effectuer un transfert d'argent au bénéfice d'une autre personne (Bénéficiaire) qui peut le réceptionner dans une agence Y précise ou une agence Y' quelconque de COMECI.

II. LES INTERVENANTS DANS UNE PROCEDURE DE TRANSFERT

Les acteurs intervenants sont de deux types :

- **Les acteurs actifs** : Ce sont ceux appelés à interagir avec le système en vue du traitement des transferts. (opérateurs, chef d'agences, administrateurs) ;
- **Les acteurs passifs** : Ce sont les acteurs autres que ceux suscités. Ils interviennent dans la procédure de transfert sans avoir une interaction directe avec le système.

Dans la phase conceptuelle du système, seuls les acteurs actifs seront pris en compte pour l'élaboration des modèles du système d'information. C'est ce que le tableau ci-dessous illustre de façon détaillée :

Tableau 4 : Présentation des acteurs et leurs rôles de la procédure de transfert

ACTEURS	RÔLES
Opérateur	- Reçoit le client ; - Communique toutes les informations nécessaires aux clients pour un envoi ou une réception ; - Guide le client dans le remplissage des formulaires d'envoi ou de réception d'argent ; - Vérifie la cohérence des informations pour un transfert ; - Assure l'archivage des souches de bordereaux ; - Interagit avec le système de transfert d'argent.
Administrateur	- Assure la configuration et les tâches d'administration du système ; - Gère l'état de fonctionnement du système.
Chef d'agence	- Valide les transferts émis par une Agence X pour permettre un retrait dans une Agence Y.
Caissier	- Encaissement du montant de la transaction et des frais de transfert.
Expéditeur	- Remplit le formulaire d'envoi ; - Verse le montant du transfert à la caisse ; - Communique les informations confidentielles au bénéficiaire.
Bénéficiaire	- Remplit le formulaire de réception ; - Fournit la réponse à la question test si cela a été mentionné lors de l'envoi du transfert.
Agences	- Sites où se déroulent les transferts d'argent.
Guichet	- Guichet où se déroulent les transactions des opérateurs avec le système.

Source : L'auteur

1. Quelques règles générales à observer dans une procédure de transfert

- Un transfert d'argent peu être traité dans toute agence COMECI à travers son réseau national ;
- Le règlement de transfert d'argent peut être perçu dans toute agence COMECI du Cameroun ;
- Un transfert est émis dès que le numéro de contrôle du transfert est envoyé par le système à l'opérateur de transfert ;
- Un transfert est payable par une agence Y dès que le chef d'agence ou un des agents désignés par le chef de l'agence X a validé le transfert émis ;
- Avant tout envoi de transfert, l'on se rassure que l'expéditeur a bel et bien versé les fonds ;
- Le formulaire d'envoi doit contenir les mêmes informations qui seront prises en compte par le serveur du système de transfert ;
- Le formulaire de réception de fonds doit être correctement rempli par le bénéficiaire avant que tout paiement soit possible. La réception du transfert au niveau du système (mise à jour de l'état) doit être faite avant tout paiement ;
- Les informations fournies par le bénéficiaire pour un retrait du montant transféré doivent être conformes aux données du système et doivent rester confidentielles ;
- Au cas où l'expéditeur n'aurait pas le nom exact du bénéficiaire, il devra communiquer un code secret. Il est tenu de communiquer la réponse au bénéficiaire qui doit noter la bonne réponse sur le formulaire de retrait ;
- Insister toujours auprès de l'expéditeur afin de s'assurer qu'il transmet les bonnes informations au bénéficiaire du transfert ;
- Le traitement d'un transfert se fait toujours dans un guichet ouvert d'une agence également ouverte ;
- La devise de transfert est toujours le F CFA.

2. Objectifs et besoins généraux
a. Besoins exprimés

La politique générale de COMECI est d'offrir une gamme variée de nouveaux services aux clients permanents et aux non clients sur l'ensemble de son réseau national. Le transfert rapide d'argent inter-agences est donc un exemple de produit nouveau que veut offrir la micro finance afin de continuer de satisfaire sa clientèle.

b. Objectifs

Le projet s'inscrit dans l'initiative de la banque de proposer des services variés et adaptés au contexte économique national. Il s'agit entre autre de :

- Proposer à la clientèle un service amélioré de transfert d'argent partout sur l'étendue du territoire national où une agence COMECI est ouverte ;
- Satisfaire les besoins de transfert à l'échelle national essentiellement aux clients permanents et non clients de la banque désirant faire des transferts ;
- Rendre plus pratique l'envoi et la réception d'un transfert ;
- Disposer d'un nouvel outil de transfert personnalisé à la banque ;
- Se doter d'un nouvel outil conçu conformément aux besoins actuels et ouvert aux perspectives d'évolution futures des activités de la banque.

c. Contraintes à respecter

En matière de transfert d'argent, les aspects les plus pertinents sont la sécurité et la rapidité des transferts ainsi que la haute disponibilité du système compte tenu du caractère temps réel des traitements de transfert. En effet, de nombreux risques menacent tout système qui gère des informations très sensibles comme celles des transferts (blocage ou arrêt total du système, piratage, etc..). Il est donc impératif que le système à mettre en place soit couvert d'une importante politique de sécurité d'accès ainsi que des mesures de protection des données et des équipements en exploitation.

Un système non sécurisé ou indisponible peut être un frein à une activité professionnelle et donc un risque traduit par une perte considérable et parfois irréversible du chiffre d'affaire et de la crédibilité.

Une autre contrainte est la prise en compte des ressources existantes (matérielles, humaines et logicielles) dans les agences et au siège ainsi que les infrastructures d'interconnexion déjà en exploitation pour la mise en œuvre du système futur.

d. Enjeux du système à mettre en place

Tout projet informatique a un enjeu pour son initiateur ; de ce fait, le projet de mise en place d'un système informatisé de transfert d'argent inter-agences COMECI vient à point nommé et comporte des enjeux aussi importants que pertinents.

La réalisation de ce projet permettra en outre de mieux faire connaître la banque sur l'étendue du territoire national et ceci sur plusieurs points qui sont :

⇨ **Sur le plan stratégique**

Le projet en faisant mieux connaître la banque, ouvre les portes à de nouveaux clients.

⇨ **Sur le plan des services et des enjeux économiques**

En plus de ses services actuels, l'aboutissement de ce projet constituera pour la banque un service additif susceptible de générer des revenus supplémentaires et permettra également de disposer d'un produit nouveau, fruit de son innovation.

⇨ **Sur le plan fonctionnel**

A ce niveau, on note également des retombées positives qui permettront à la banque de :

- Disposer d'un système de transfert centralisé au Cameroun ;
- Augmenter sa productivité et accroître sa rentabilité de par ses services ;
- Répondre aux nouveaux besoins du marché et être toujours plus efficace ;
- Tirer un meilleur profit de l'exploitation de son réseau informatique ;
- Définir elle-même ses propres tarifs en tenant compte du contexte national ;
- Gagner du temps grâce à une rapidité dans le traitement des transferts.

III.QUELQUES FONCTIONNALITES ATTENDUES DU SYSTEME

- Envoi et réception en temps réel des informations de transfert.
- Prise en compte des données de transfert par le serveur de bases de données dans des délais de temps acceptables.
- Génération des rapports d'activités par jour, mois et année sur l'ensemble des données.
- Consultation de l'aide pour mieux comprendre le fonctionnement du logiciel.
- Gestion du chargement des environnements de travail (Environnement opérateur, environnement Administrateur).
- Envoi d'un message texte au bénéficiaire dès l'émission du transfert par son expéditeur et informer également l'expéditeur via le même canal de la réception des fonds par le bénéficiaire.
- Gestion des commissions sur les transferts.
- Présentation dynamique des données du système.
- Consultations diverses (consultations des agences, des villes, des régions et des utilisateurs du réseau) par les utilisateurs de l'application.
- Le paramétrage du système doit se faire facilement par son administrateur afin de permettre un usage facile par les opérateurs de transferts.

TROISIEME PARTIE :
CONCEPTION ET ETUDE TECHNIQUE DU SYSTEME DE TRANSFERT D'ARGENT

I. ETUDE COMPARATIVE DES SOLUTIONS POSSIBLES

Partant du schéma de description globale d'une procédure de transfert, nous allons définir diverses architectures possibles et surtout adaptées à la réalisation du système en étude.

1. Objectifs de la phase d'analyse des solutions possibles

Cette partie de l'étude a pour objectif de faire une analyse des choix conceptuels de l'application de gestion des transferts, ainsi qu'une analyse des divers outils (matériels et logiciels) à même de répondre aux exigences du système de transfert ;

Il est essentiellement question de présenter les avantages et les inconvénients liés à chacun des scénarii étudiés.

2. Etude conceptuelle du système à mettre en place

Cette partie de l'analyse des solutions possibles va porter sur la méthode de conception du système d'information à réaliser pour le système de transfert d'argent.

Pour ce faire, nous allons procéder à la comparaison de deux approches de modélisation d'un système informatique afin de faire un choix objectif et justifié. Ce sont :

a. L'approche systémique
b. L'approche orientée objet

a. L'approche systémique

L'approche systémique définit un système comme un ensemble d'éléments en interaction dynamique, organisé en fonction d'un but. Le concept de base de cette approche est la séparation des données et des traitements. Ce type d'approche est efficace lorsque les interactions sont non linéaires et fortes. Mais en cas d'évolution, elle rend la maintenance des systèmes complexe et implique une lenteur dans le développement de logiciel.

20

b. L'approche orientée objet

Dans l'approche orientée objet, on note qu'elle conduit à une conception dans laquelle il ya un fort couplage des données et des traitements grâce au principe d'encapsulation. Le problème de maintenance en cas d'évolution relevé dans l'approche systémique est résolu à ce niveau du fait qu'avec cette méthode, on maîtrise mieux la complexité du système et on a une facilité d'évolution des modèles conçus (il est plus facile de rajouter des objets dans un modèle objet).

A l'issue de l'étude comparative, nous avons pu constater les avantages et les inconvénients de chaque approche conceptuelle. De ce fait, cela nous amène à identifier quelle approche s'adapte au mieux à la conception du système à réaliser. Pour mener à bien ce choix, nous optons sur les critères de bases suivants :

- ⇨ **Les possibilités d'extension des besoins du système ;**
- ⇨ **La réutilisation des objets ;**
- ⇨ **La souplesse de conception ;**
- ⇨ **La rapidité et l'efficacité**

Pour la conception du système, nous optons pour une méthode orientée objet du fait des avantages qu'elle offre.

Cette approche offre une technique qui est une aide efficace pour résoudre certains problèmes liés à la notion de réutilisabilité des objets (bibliothèques de classes) en se basant sur des mécanismes fondamentaux tels que : l'héritage, le polymorphisme.

De plus, l'approche objet permet une conception qui facilite la maintenance des applications (l'encapsulation des données et des traitements). Cela est dû au fait qu'il est possible par exemple de modifier une méthode sans toucher à son interface ou de créer une sous-classe héritée de celle qui nous intéresse.

L'adoption d'une approche objet pour la conception s'appuie sur une méthode ou un langage efficace pour modéliser le système d'information. La qualité d'une conception est intimement liée à la méthode utilisée pour sa conduite.

De ce fait, nous ferons une brève description de quelques méthodes et notations orientée objet qui nous permettra de faire un choix adapté pour la conception du système d'informations à mettre en place.

Il s'agit des méthodes :

a. OMT (**Object Modeling Technic**) de Rumbaugh ;

b. Booch'93 de Booch ;

c. OOSE (**Object Oriented Software Engineering**) de Jacobson.

Ces trois méthodes ont été mises au point autour des années 90. Elles ne sont pas imposées en tant que tel, mais faisaient parties des méthodes les plus dominantes de cette époque. Une de leurs limites était due au fait qu'elles ne disposaient d'aucune dimension méthodologique dans la conception.

La méthode UML (Unified Modeling Language): La notation **UML** est née de la fusion à partir de 1994, des méthodes OMT et Booch. Elles sont rejointes en 1995 par Jacobson pour mettre au point une méthode unifiée, incorporant les avantages de chacune des méthodes précédentes (OMT, Booch et OOSE). UML devient une notation universelle pour la modélisation objet. Cela qui a permis de l'imposer en tant que méthode de développement objet.

Au regard des fonctionnalités décrites ci-dessus, qui du reste ne se contredisent pas, nous optons pour une modélisation avec le langage UML. En fait, UML n'est pas un éloignement radical des méthodes OOSE, Booch ou OMT, mais plutôt un successeur légitime ! C'est-à-dire une étape d'évolution naturelle de celle-ci.

La méthode UML est plus expressive, plus propre et plus uniforme que les méthodes Booch, OMT ou OOSE. Cela signifie qu'il y a un bénéfice à passer à UML, parce qu'elle permet aux projets de modéliser des choses qui n'auraient pas pu l'être avant.

Enfin, UML donne une définition plus formelle et apporte ainsi une dimension méthodologique qui faisait défaut à l'approche objet.

3. Etude technique du système à mettre en place

Le choix de la méthode conceptuelle ayant été effectué, nous allons dans cette phase de l'étude faire une comparaison des solutions techniques pour la mise en place du système de transfert. Cela nous conduit à décomposer l'analyse et la comparaison des solutions techniques possibles en termes de :

- architectures fonctionnelle et matérielle du système ;
- technologies et outils de développement de l'application de gestion de transferts ;

- systèmes de gestion de base de données ;
- plates formes d'exploitation serveur du système ;
- niveaux de sécurisation du système

i) Etude comparative des architectures fonctionnelles et matérielles

Cette partie présente les performances techniques de solutions envisageables pour le système de transfert à mettre en place.

Deux scénarii d'architectures sont ici étudiés :

- ❖ Le premier scénario consiste à voir le système de transfert du point de vue d'une architecture centralisée dans laquelle les postes clients via lesquels les opérateurs d'agence pourront exploiter le serveur du système localisé au site central. Les postes clients sont des terminaux qui se connectent par modem au serveur appelé *Mainframe*.

- ❖ Le deuxième scénario considère l'ensemble du système de transfert comme une architecture fonctionnant selon le principe client-serveur. Des postes clients sont installés dans le réseau local de chaque agence et communiquent avec le serveur de transfert au siège par le réseau global. Dans cette architecture, les postes clients sont autonomes et participent activement à l'établissement de la communication avec le serveur.

Dans les deux cas, l'ensemble du système doit exploiter le réseau global de communications qui existe dans le fonctionnement de l'institution financière. Le détail de chacun des scénarii est présenté dans les sections qui suivent.

Premier scénario

> L'Architecture d'un système centralisé

Ce type d'architecture est appelée solution sur site central (*Mainframe*). Historiquement, les applications sur site central ont été les premières à proposer un accès multiutilisateurs. Dans ce contexte, les utilisateurs se connectent aux applications exécutées par le serveur central à l'aide des terminaux se comportant en esclaves. C'est le serveur central qui prend en charge l'intégralité des traitements y compris l'affichage qui est simplement déporté sur des terminaux.

Figure 2 : Schéma de l'architecture d'un système de Mainframe

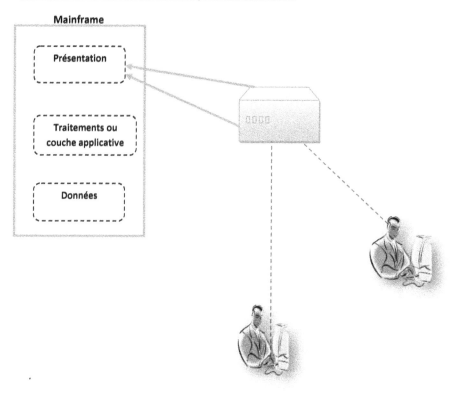

Source: remi.leblond.free.fr/probatoire/node5

Tableau 5 : Descriptif des avantages et inconvénients liés au système de Mainframe

Avantages	Inconvénients
• Une facilité d'administration due au fait que toutes les couches applicatives sont centralisées uniquement sur un seul nœud (le serveur) ; • L'installation des éléments matériels revient moins chère ; • Une maintenance centralisée : toutes les ressources logicielles et les données étant mobilisées uniquement sur la machine centrale, un cas de maintenance applicative ne porte que sur elle.	• Une fragilité du serveur : le serveur est le seul élément actif de cette architecture. il est donc le seul à gérer les différents services. • Des postes non autonomes : les postes clients se comportent en esclave par rapport au serveur. ils ne disposent d'aucun pouvoir de décision. • Le coût excessif des logiciels sur mainframe.

Source : www.interscansys.com

Cette architecture est techniquement faisable, mais essayons de voir si l'on ne peut utiliser un autre type d'architecture un peu plus évolué dans le temps par rapport au système qui sera déployé dans le futur.

Deuxième scénario

➢ L'architecture d'un système Client-serveur :

Dans cet environnement, des **machines clientes** contactent **un serveur**, une machine généralement très puissante en termes de capacités d'entrée-sortie, qui leur fournit des services divers. Ce modèle met en œuvre une conversation entre deux programmes (un programme serveur et un programme client) que l'on peut opposer à l'échange figé « maître-esclave » de l'architecture centralisée.

Dans cette architecture, les machines clientes gèrent l'interface utilisateur, la machine serveur gère les données, le réseau gère le transport des messages. Nous utilisons pour cette illustration un schéma générique pour représenter cette architecture.

Figure 3 : Schéma de l'architecture d'un système Client-Serveur

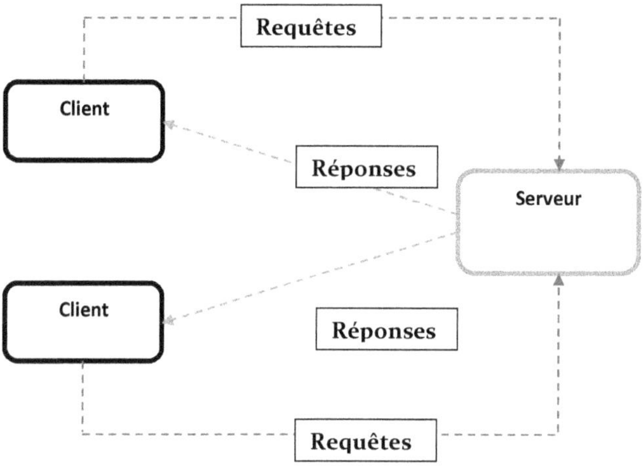

Source : remi.leblond.free.fr/probatoire/node5

Tableau 6 : Tableau descriptif des avantages et des inconvénients liés à ce scénario

Avantages	Inconvénients
• Une bonne sécurité : car le nombre de points d'entrée permettant l'accès aux données est moins important. aucune donnée n'est stockée sur le poste client • Un réseau évolutif : grâce à cette architecture, on peut supprimer ou rajouter des postes clients sans perturber le fonctionnement du réseau et sans modifications majeures • Offre une facilité d'intégration des ressources existantes et réduit le coût de déploiement des systèmes. • Permet de répartir les traitements sur différents processeurs et minimiser le trafic sur les réseaux de communication	• Un maillon faible : le serveur est le seul maillon faible de ces systèmes, étant donné que tout le réseau est architecturé autour de lui. • Les risques sont croissants dûs au fait que les postes clients du système peuvent être facilement infectés par des virus.

Source: www.interscansys.com

Au regard des avantages et inconvénients des deux scénarii présentés, nous retenons le second scénario (celui d'une **architecture client-serveur**) pour la mise en œuvre du système de transfert. Cette solution est techniquement performante et engendre des coûts de déploiement relativement faibles. C'est une solution qui intègre au maximum l'environnement existant (matériels et logiciels) en gardant à vue les aspects liés à la performance technique.

De façon générale , ce choix offre des avantages assez intéressants et nous permettra d'atteindre raisonnablement les objectifs que nous nous sommes fixés dès le début du projet , dont l'élément principal est la centralisation des traitements sur les données autour d'un serveur basé au siège social de la banque au vu du caractère temps réel des tâches du système.

Trois types d'applications client-serveur existent. Ce sont :

Tableau 7 : Tableau des différents types d'application d'une architecture client-serveur

1er Type : Architecture un tiers	
Concept	Elle constitue la première variante qui consistait en un client gérant uniquement la couche présentation et un serveur réalisant l'ensemble des traitements applicatifs
Avantages	<ul><li>Conception et mise en un œuvre</li><li>Richesse de l'ergonomie des applications mises en œuvre</li><li>Adapté pour répondre aux besoins d'un utilisateur isolé</li></ul>
Limites	<ul><li>Plusieurs utilisateurs se partagent des fichiers de données stockés sur un serveur commun ; la gestion des conflits d'accès aux données doit être prise en charge par chaque programme de façon indépendante, ce qui n'est pas toujours évident.</li><li>Lors de l'exécution d'une requête, l'intégralité des données nécessaires doit transiter sur le réseau et on arrive à saturer ce dernier.</li><li>La cohabitation de plusieurs moteurs de base de données indépendants manipulant les mêmes données peut devenir instable. ces conflits peuvent affecter l'intégrité des données.</li><li>Il est difficile d'assurer la confidentialité des données</li></ul>
2nd Type : Architecture client- serveur deux tiers	
Concept	Dans une architecture deux tiers, la fonction de présentation (gestion de l'affichage) est à la charge du client exclusivement. le calcul est réparti entre le client et le serveur. l'application cliente est généralement spécifique au serveur. de plus la gestion des données est exclusivement à la charge du serveur.
Avantages	<ul><li>Elle permet l'utilisation d'une interface utilisateur riche</li><li>Elle permet l'appropriation des applications par l'utilisateur</li></ul>

Limites	• La relation étroite qui existe entre le programme client et l'organisation de la partie serveur complique les évolutions de cette dernière. Cela est un élément significatif à prendre en compte dans le choix d'une architecture 2-tiers. • On ne peut pas soulager la charge du poste client, qui supporte la grande majorité des traitements applicatifs, une modification de l'application ou de la structure de la base de données nécessite un redéploiement sur les postes clients. Cet aspect fait que le client dans cette variante est dit « **lourd** ». • la difficulté d'administrer les postes clients • le déploiement est coûteux et très difficile à réaliser à grande échelle.
3ème Type : Architecture client-serveur Trois tiers	
Concept	Dans un environnement client-serveur trois tiers, on a : le client « dit **client léger**», un serveur d'application (appelé aussi **middleware**) et un serveur de données tous distincts. Cette architecture fonctionne selon trois niveaux : • **Premier niveau** : l'affichage et les traitements locaux (contrôles de saisie, mise en forme des données,…) sont pris en charge sur le poste client. • **Deuxième niveau** : les traitements applicatifs globaux sont pris en charge par le service applicatif du serveur. • **Troisième niveau** : les services de base de données sont prix en charge par un SGBD (voir serveur de base de données).
Avantages	• Les applications serveurs sont délocalisées, c'est-à-dire que chaque serveur est spécialisé dans sa tâche. • Le poste client ne supporte plus l'ensemble des traitements, il est moins sollicité et peut être moins évolué, donc moins coûteux. • La fiabilité et les performances de certains traitements se trouvent améliorées par leur centralisation, il est relativement simple de faire face à une forte montée en charge en renforçant le service applicatif • Une plus grande sécurité : compte tenu du fait que l'on peut définir la sécurité pour chaque service. • De bonnes performances : due au fait que les tâches sont partagées entre plusieurs serveurs.
Limites	• Le serveur se trouve souvent fortement sollicité et il est difficile de répartir la charge entre client et serveur. • Les solutions mises en œuvre sont relativement complexes à maintenir et la gestion des sessions compliquée • Les contraintes semblent inversées par rapport à celles rencontrées avec les architectures deux tiers : le client est soulagé, mais le serveur est fortement sollicité.

Source: www.interscansys.com

Cette analyse des différentes variantes que peut prendre une architecture client-serveur, nous a permis d'avoir un regard critique en vue de faire un choix objectif et adapté en tenant compte des avantages et des limites étudiés. Notre choix porte sur le

Client-serveur trois tiers car elle est techniquement plus performante que les variantes 1-tiers et 2-tiers. De plus, elle dispose d'un nombre assez importants de solutions standards dont la mise en œuvre est facile.

Notre choix se justifie également, par le fait que cette variante d'architecture est non seulement plus récente mais de plus, elle offre une grande sécurité des services du système.

Rappelons que ce choix nous permettra de mettre en place un système de transfert disposant d'un serveur de base de données d'une part, et d'un serveur d'applications d'autre part, cela garantie une plus grande souplesse dans la disponibilité des composants logiciels du système.

Les postes clients sont pourvus d'un programme client (navigateur) universel et résolvent ainsi les problèmes de déploiement et de gestion de versions des applications clientes sur ces postes. Les architectures client-serveur à 3 niveaux, autorisent une montée en charge du système au fur et à mesure de la croissance du nombre d'utilisateurs par une augmentation du nombre de machines serveurs.

ii) Description des technologies de développement

Nous allons orienter cette analyse en tenant compte de deux approches qui sont : la technologie Web (dont la mise en œuvre est rapide et moins coûteuse) et la technologie classique avec un langage de quatrième génération (plus complexe, plus lente en réalisation et plus onéreuse en terme de développement et de matériel d'exploitation).

Tableau 8 : La technologie classique (solution avec un langage de quatrième génération ou troisième génération)

Langages de développement	Description
C	Ce langage est bien adapté pour l'écriture des modules de gestion des sockets réseaux et permet des programmes très peu longs. Cependant, le langage C reste un langage assez compliqué
Delphi	Il permet le développement de haute productivité dans la construction d'applications distribuées multi-niveaux
Visual C++	Il permet le développement rapide des interfaces utilisateurs conviviales et la création des modules, DLL, et contrôles ActiveX. Offre des techniques de conception des applications multitâches spécifiques à la plateforme Microsoft

Source : www.developpez.com

30

L'un des problèmes que l'on rencontre dans le développement d'applications réseaux avec ces langages est celui lié à la distribution des applications clientes. Cela nécessite le développement d'une application cliente par plate-forme. C'est-à-dire que si les postes travail qui devront les héberger ont des plates-formes différentes (Microsoft, Mac ou Linux), l'application cliente devra exister en plusieurs versions (version Microsoft, Mac et Linux).

La Technologie Web

Les technologies Web apportent des solutions aux problèmes posés par les langages de 3ème ou de 4ème génération. Par exemple, l'utilisation d'un navigateur (*browser*) comme client, fonctionnant sur toutes les plates-formes (Windows, Mac, Unix) et capable de télécharger dynamiquement des documents *HTML*, simplifie fortement le développement et fait disparaître le problème de distribution des applications clientes (ou du moins le simplifie dans des proportions importantes). Ces clients peuvent interroger une base de données sur un serveur web distant.

Nous rappelons qu'avec une bonne politique sécuritaire à plusieurs niveaux pour le système de transfert, la technologie web est une solution rentable et efficace. Cette technologie est étroitement liée au client-serveur trois tiers.

Tableau 9 : Descriptif de quelques langages et outils adaptés à la technologie Web

Langages /Outils	Description
Java	Java est un langage de développement orienté objet. il permet entre autre de développer de petites applications appelées « Applet », pouvant être intégrées à des pages HTML pour enrichir le contenu.
PHP	c'est avant tout un langage de script qui s'exécute coté serveur. Il reste une solution qui conviendra pour interfacer les pages web avec une base de données. PHP offre d'énormes avantages qui sont : - La gratuité et la disponibilité du code source - La simplicité d'écriture du script - La possibilité d'inclure les scripts au sein des pages HTML
HTML / DHTML	la présentation des interfaces sous format HTML ou DHTML offre de grands avantages par rapport à la facilité de manipulation de données. Avec les pages HTML, le système pourra fonctionner sur n'importe qu'elle plate-forme disposant d'un navigateur Internet.
Adobe Dreamweaver	Editeur très poussé de pages Web avec de nombreuses fonctionnalités

Source : www.developpez.com

31

A l'issue de cette étude, nous retenons une **Technologie Web** au vu des avantages qu'elle offre, pour le développement du système informatisé de transfert.

iii) <u>Comparaison de quelques systèmes de gestion de base de données</u>

A cette étape de l'analyse comparative des solutions, il est question à ce niveau de faire une étude sur les différents serveurs de base de données pour la gestion des données du système. Derrière toute application informatique appelée à manipuler des informations, il faut un système dédié à la gestion des différentes bases de données. Pour guider objectivement notre choix, nous orientons cette étude sur quelques SGBD qui sont :

Tableau 10 : Descriptif de quelques Systèmes de Gestion de Base de Données

SGBD	Description
MySQL	MySQL est un serveur de base de données SQL **multi-utilisateurs et multi-threads** fonctionnant sous Linux et Windows.il est simple à mettre en œuvre et offre des performances du point de vue des temps de réponse et de stockage de données volumineuses. ses principaux atouts sont : • La rapidité et la robustesse • La facilité d'utilisation et la gratuité
Informix	• Système de gestion de bases de données relationnelles, Informix est basé sur le principe du multi-threading, parallélisant les traitements d'accès aux données • Il propose un moteur d'un très haut niveau technologique basé sur une architecture identique quelque soit la plateforme sur laquelle il évolue
PostgreSQL	Il inclut des types graphiques, des vues et dispose de véritables services transactionnels
Oracle	Oracle est l'un des plus puissants SGBD du monde informatique • Il a cette faculté de gestion d'un gros volume de données • Il est multi-utilisateurs et multi- plateformes • Néanmoins, Oracle coûte assez cher

Source : www.developpez.com

Pour la gestion de la base de données du système de transfert, nous retenons « **MySQL** » car il est assez robuste et offre des performances techniques intéressantes. Il est efficace dans la gestion des bases de données et offre un bon niveau de sécurisation des données. En effet, une bonne configuration du serveur de base de données garantit efficacement la sécurité des données du système.

iv) **Etude détaillée des solutions retenues**

Nous allons maintenant nous pencher de manière détaillée sur les solutions retenues pour la mise en place du système de transfert d'argent.

La solution globale pour le système de transfert est celle d'une conception orientée objet et d'une technologie de programmation réseau basée sur le principe de l'internet.

Pour cette étude détaillée notons que divers domaines seront explorés à savoir entre autres :

- La conception du modèle global du système à réaliser
- Les aspects techniques du système
- La gestion des problèmes de sécurité
- L'interconnexion réseau

II. CHOIX CONCEPTUEL : LA MODELISATION OBJET AVEC UML

1. **Introduction à UML**

UML (Unified Modeling Language) est un langage de modélisation unifié et non une méthode. UML permet la modélisation de tous les phénomènes de l'activité de l'entreprise (processus métier, système d'information, système informatique, composants logiciels, etc...) indépendamment des techniques d'implémentation mise en œuvre par la suite.

2. **Modèle conceptuel global du système de transfert**

Un modèle est une abstraction de la réalité, il permet de :

- Faciliter la compréhension du système étudié (c'est-à-dire qu'il réduit la complexité du système étudié) ;
- Simuler le système étudié.

De ce fait, dans le cadre de la modélisation du système d'information, nous devrons déterminer quelle démarche utiliser pour la modélisation.

Notons que les auteurs d'UML préconisent une des démarches suivantes :

- Itérative et incrémentale ;
- Guidée par les besoins des utilisateurs du système ;
- Centrée sur l'architecture logicielle.

Pour notre projet, nous orientons notre démarche sur celle centrée sur l'architecture logicielle qui favorise une meilleure prise en compte des besoins des utilisateurs du système (les cas d'utilisation). De plus, elle est adaptée et permet de décrire des choix stratégiques qui déterminent en grande partie les qualités d'un logiciel (adaptabilité, performances, fiabilités, etc.)

Pour l'élaboration des modèles conceptuels d'un système d'information, UML permet à l'aide de diagrammes de définir et de visualiser ces modèles. Un diagramme est une représentation graphique qui s'intéresse à un aspect précis du modèle, c'est une perspective du modèle à élaborer. UML propose 11 diagrammes qui sont :

- Diagrammes de cas d'utilisation ;
- Diagramme d'objet ;
- Diagramme de classes ;
- Diagramme de composants ;
- Diagramme de déploiement ;
- Diagramme de collaboration ;
- Diagramme de séquence ;
- Diagramme d'états-transitions ;
- Diagramme d'activités ;
- Diagramme de communication ;
- Diagramme d'interaction.

Chaque type de diagramme véhicule une sémantique précise du modèle global du système. Pour notre étude, nous sélectionnerons les diagrammes les plus importants et permettant de mieux exprimer les fonctionnalités du système à modéliser.

Ce sont :

Tableau 11 : Descriptif de quelques Systèmes de Gestion de Base de Données

Diagramme à modéliser	Justification du choix
Le diagramme des Cas d'utilisation	Le diagramme des cas d'utilisation est un modèle qui permet une meilleure représentation des interactions entre les acteurs du système et le système lui-même.
Le diagramme de Séquence	Le diagramme de séquence montre l'ensemble des messages échangés avec le système durant l'interaction de l'acteur avec celui-ci
Le diagramme de Classes	Le diagramme de classe permet de modéliser de façon statique une collection d'éléments qui montre la structure du modèle. C'est son instanciation qui permet d'obtenir le diagramme d'objet

Source : www.uml.fr

3. Diagramme des cas d'utilisation du système de transfert

Pour élaborer le diagramme des cas d'utilisation, il est nécessaire de cerner la problématique des besoins des utilisateurs vis-à-vis du système de transfert. L'étape d'identification des besoins est la première activité dans le cycle de développement de systèmes logiciels. Durant cette activité, nous cherchons à obtenir une compréhension (établie en termes de modèles) du futur système logiciel aussi complète et cohérente que possible, avant le passage aux activités de conception et d'implémentation.

Vue d'ensemble de quelques besoins principaux des acteurs par rapport au système futur :

⇨ Envoi et réception en temps réel des informations de transfert ;

⇨ Gestion des accès au système de transfert ;

⇨ Génération des rapports d'activités ;

⇨ Consultation d'aide en ligne ;

⇨ Consultations diverses (liste des agences, villes et régions) ;

⇨ Gestion des commissions sur les transferts ;

⇨ Mise à jour en temps réel des données de transfert par le serveur de base de données ;

⇨ Tâches de surveillances et d'administration du système

Les relations de type « **include** » dans le diagramme des cas d'utilisation signifient que le passage au cas d'utilisation source précède celle du cas d'utilisation de destination.

Exemple : Avant tout autre cas d'utilisation, il faut d'abord passer par le cas d'identification.

a. Détermination des cas d'utilisation

Avant toute modélisation, il faut d'abord faire une capture des cas d'utilisation du système. Caractéristiques des cas d'utilisation :

▪ Ils limitent la modélisation aux préoccupations « réelles » des utilisateurs ;

▪ Ils ne présentent pas de solution d'implémentation et ne forment pas un inventaire fonctionnel du système ;

▪ Ils structurent les besoins des utilisateurs (cités ci-dessus) et les objectifs du système futur ;

- Ils permettent les fonctionnalités principales du système ;
- Ils centrent surtout l'expression des exigences du système sur ses utilisateurs (acteurs) ainsi que leurs interactions avec le système.

Tableau 12 : Identification des acteurs en interaction avec le système et répartition des cas d'utilisation par acteur

Les acteurs du système	Les cas d'utilisation traités
Principaux : **Opérateurs**	<ul><li>Identification</li><li>Envoyer un transfert</li><li>Recevoir un transfert</li><li>Evaluer les frais de transfert</li><li>Consultations diverses (liste d'agences, de villes, de régions, des commissions sur transfert)</li><li>Edition des rapports d'activités</li></ul>
Secondaires : **Administrateur**	<ul><li>Identification</li><li>Configurer le système</li><li>Edition des rapports d'activités</li></ul>

Source : L'auteur

Figure 4 : Diagramme des cas d'utilisation

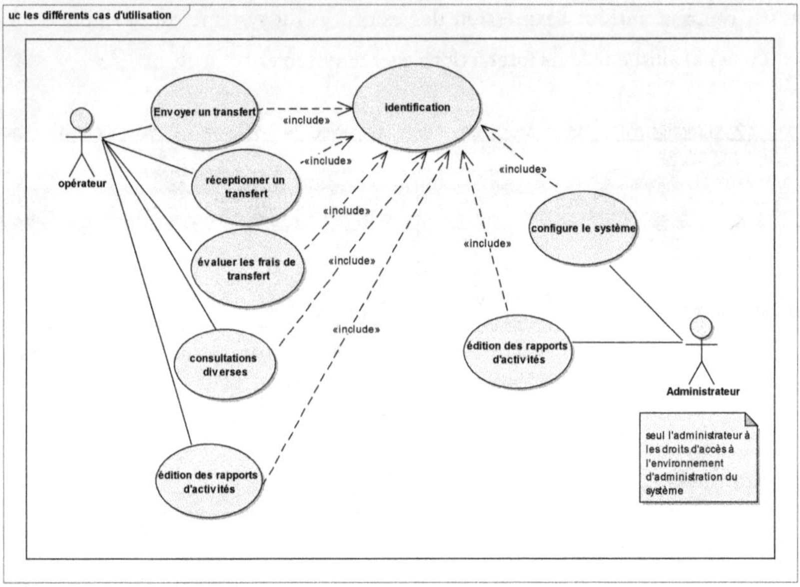

Source : L'auteur

4. Diagramme de séquence du système

Les principales informations contenues dans un diagramme de séquence sont des messages échangés entre les lignes de vie, présenté dans un ordre chronologique. Ce diagramme permet de montrer l'interaction directe entre l'acteur et le système. Pour notre modélisation, nous présenterons les différents diagrammes de séquence par cas d'utilisation comme suit :

Figure 5 : Identification

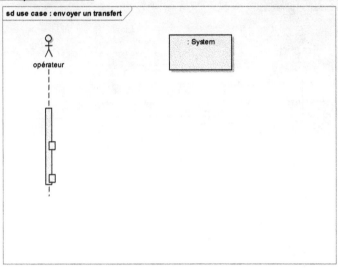

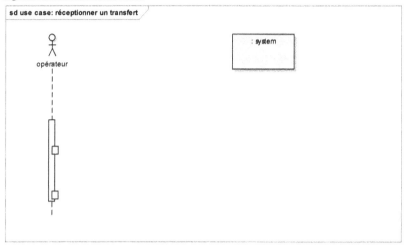

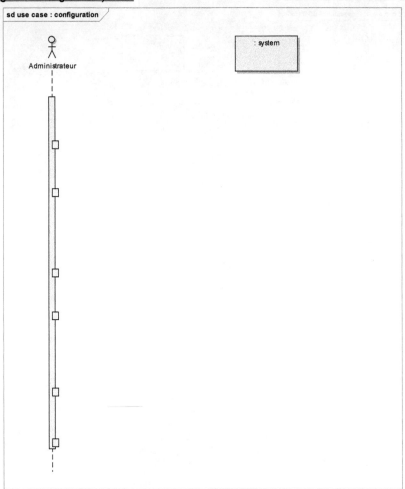

Figure 10: Evaluer les frais de transfert

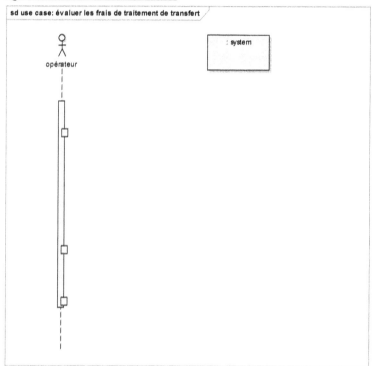

5. Diagramme de classes du système de transfert

a. Définition d'une classe :

Une classe est une description abstraite d'un ensemble d'objets ayant des propriétés similaires, un comportement commun, des relations communes avec d'autres objets et des sémantiques communes.

b. Illustration d'une classe :

Figure 12: Illustration d'une classe :

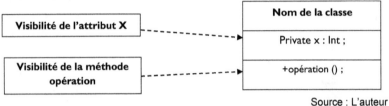

Source : L'auteur

Un diagramme de classes est une collection d'éléments de modélisation statiques (classes, paquetages...) qui montre la structure d'un modèle.

Un diagramme de classes fait abstraction des aspects dynamiques et temporels du système.

Figure 13 : Diagramme de classe du système de transfert

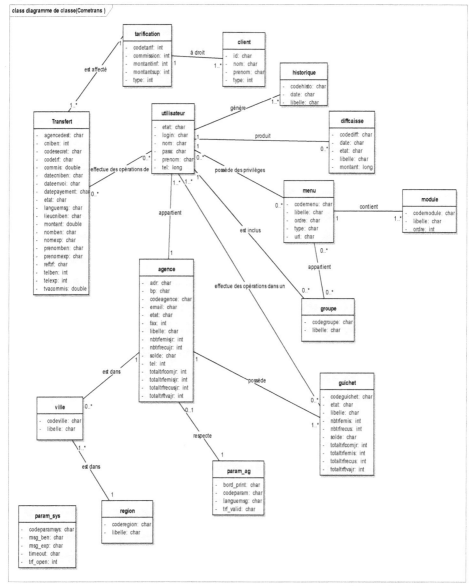

Source : L'auteur

III. CHOIX TECHNIQUES DE MISE EN PLACE DU SYSTEME FUTUR

1. Architecture proposée

De ce point de vue, le système de transfert aura une approche dans laquelle, l'application à réaliser pour la gestion du transfert, le serveur de données, le serveur d'application, seront toutes centralisées sur une machine faisant office de serveur du système de transfert et installé sur le réseau interne de COMECI.

Au niveau des agences, les postes de travail (**PC**) susceptibles d'exploiter le système de transfert seront munis d'une application cliente (**Navigateur**) configurée convenablement pour pouvoir accéder au système de transfert.

Figure 14 : Schéma représentatif des communications entre les couches applicatives

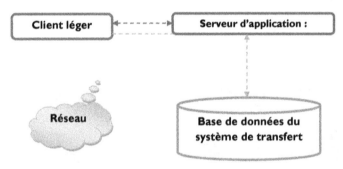

Source www.interscansys.com

2. Les différents composants nécessaires

- **Le serveur Web**

Un serveur web est un logiciel permettant de rendre accessibles à de nombreux ordinateurs (les clients) des pages web stockées sur le disque.

Au vu de l'analyse effectuée dans l'étude comparative des différents serveurs web sur le marché, nous avons opté pour le **serveur Apache** car c'est un serveur robuste, efficace et de plus il est multiplateforme. C'est probablement le logiciel Open source le plus populaire du moment, car il fait fonctionner plus de la moitié des sites web du monde et il accroît tous les jours sa part de marché.

Apache est le serveur d'applications pour le système de transfert. Son principal rôle est d'écouter et de répondre aux requêtes émises par le navigateur des postes clients. Il interagit avec le serveur de données MySQL pour la gestion des données de la base.

Installation et configuration de base : Le serveur Apache est téléchargeable sur Internet ou est installé par défaut à certains systèmes d'exploitation réseau comme Linux. Les principaux éléments à configurer sont :

- o Spécifier le numéro de port d'écoute du serveur
- o Définir un administrateur pour le serveur
- o Définir le nom du serveur
- o Paramétrer les accès aux interfaces dynamiques du système (cela est une des mesures de protection des ressources offertes par Apache)

- **Le système de gestion de base de données (SGBD)**

Le système de gestion de base de données retenu pour gérer les données du système est_MySQL. C'est un moteur de base de données éprouvé assez efficace, robuste et rapide. MySQL est sous licence GPL.il permet une très bonne définition et répartition des privilèges et des profils de chaque utilisateur autorisé à accéder aux données qu'il gère ce grâce à plusieurs niveaux de protection des données de la base. De plus, ce SGBD offre une capacité importante en terme de volume de données à gérer. En effet MySQL offre une limite théorique d'environ 8 millions de téraoctets,_soit $8x10^{15}$ Ko de données gérables. Ce serveur de données fonctionne en deux couches: une couche cliente et une couche serveur.

- PHP

Le choix de ce langage pour l'implémentation des scripts se justifie par le fait qu'il offre une bonne implémentation des scripts qui seront inclus au sein des pages de présentation des données du système. Ces interfaces de présentation ont l'avantage d'être dynamiques.

De plus à partir de la version 4, il devient très efficace et offre des fonctionnalités permettant d'implémenter des modules de sécurisation pour l'accès aux interfaces du système, il permet également la gestion des sessions (ce qui est très intéressant dans la mesure où nous prévoyons des ouvertures de sessions pour chaque connexion des utilisateurs du système de transfert).

- **Système d'exploitation du serveur**

La mise en œuvre du système de transferts nécessite l'installation d'un environnement d'exploitation sur lequel le serveur de base de données (MySQL) et le serveur d'application (Apache) seront installés et exploités en temps réel pour la production du système.

Nous souhaitons que dans le futur, le système d'exploitation qui hébergera l'application soit un système **LINUX** de part :

- sa robustesse ;
- le faible coût d'acquisition et la disponibilité de grand nombre de supports techniques ;
- sa bonne mise en œuvre des techniques de tolérance aux pannes

3. **Composants matériels pour le système à mettre en place**

Pour l'exploitation du système de transfert, nous allons dégager les ressources matérielles qui vont intervenir dans la mise en œuvre. Ce sont :

- **Les postes de travail**

Les postes de travail qui seront retenus pour la production du système de transfert sont ceux déjà en service dans chaque agence. Il appartient à l'institution de déterminer les postes à mobiliser   pour le système au sein des guichets de chaque agence.

- **Le serveur**

A ce niveau, nous estimons qu'au vu des capacités de stockage nécessaires pour   le système de transfert, de la fréquence (accès multiples au système) et de la permanence des sollicitations du serveur il faudrait une machine dédiée et assez puissante pour supporter les multiples requêtes des postes clients.

De ce fait, nous souhaitons que l'institution se dote d'un serveur qui hébergera l'ensemble des composants du système de transfert (le serveur d'application, le serveur de bases de données, les outils de développement).

4. Mesure de sécurité du système de transfert

Les différentes attaques sur le système de transfert se situent à tous les niveaux de l'environnement de production du système. Nous pouvons énumérer quelques risques possibles et les mesures associées, ce sont :

* **Vol du mot de passe d'un Utilisateur** : changement périodique du mot de passe ;

* **Accès aux interfaces de l'application via le cache des navigateurs** : une configuration sera faite au niveau des navigateurs afin d'éviter la conservation des adresses des pages. Ex : le vidage des caches après une déconnexion. Egalement, l'opérateur doit pouvoir être déconnecté automatiquement par le système après 15 minutes de non activité sur le système ;

* **Double paiement d'un transfert** : dans l'option « Recevoir » du module « Opérations », il sera fait de telle sorte que les opérations de recherche d'un transfert pour une opération de réception ne concernent que ce dont l'état est à « 0 » **dans la base de données** et que le transfert ait été **validé** au préalable par le responsable de l'agence émettrice. Il faudrait que la base de données soit automatiquement mise à jour en temps réel ;

De ce point de vue, il est donc important pour l'institution que des mesures pour la maintenance régulière des liaisons de communications inter-agence soient appliquées afin de garantir un meilleur taux de disponibilité des systèmes informatiques localisés au site central.

5. La sécurité des informations du système de transfert

Pour définir un système d'information sécurisé, nous pouvons nous référer aux 6 points que l'International Standard Organization (ISO) a fait ressortir dans ses études sur la sécurité des systèmes d'informations. Ces points sont :

* **Le contrôle d'accès** : une ressource n'est accessible que par les personnes autorisées ;

* **La confidentialité** : l'information échangée entre deux correspondants ne peut pas être consultée par un tiers ;
* **L'authentification** : les personnes utilisant une ressource correspondent aux personnes reconnues par le système ;
* **La disponibilité** : se reflète dans l'information et dans les services offerts par le système de transfert. Les données ainsi que les ressources du système sont accessibles en permanence par ceux qui en ont besoin du moment où le serveur est disponible. Le système de transfert se doit d'être un système disponible en tout temps ;
* **L'intégrité** : l'information n'est modifiée que par les personnes qui ont le droit ;
* **La non-répudiation** : permet à l'émetteur ou au récepteur de ne pas refuser les données électroniques transmises. Donc, quand une donnée est envoyée, le récepteur peut prouver qu'elle a bien été envoyée par l'émetteur. De même, lorsqu'une donnée est reçue, l'émetteur peut prouver que le message a bien été reçu par le bon récepteur. Cela se fait à travers l'émission d'accusé de réception.

Comme autres mesures de sécurisation du système de transfert, nous proposons la technique de chiffrement offerte par MySQL et PHP qui permet de renforcer la sécurité des informations traitées tels que le mot de passe d'un utilisateur. De plus, nous préconisons l'utilisation d'un protocole **SSL** (**Socket Secure Layer**) qui offre un bon niveau de sécurité pour la transmission de données dans un environnement client-serveur dont les fonctions essentielles sont :

* **authentifie**r le serveur auquel l'utilisateur est connecté
* **assurer la confidentialité des informations transmises** par son intermédiaire grâce à l'utilisation d'algorithmes de chiffrement.

6. <u>Ressources humaines pour l'exploitation du système</u>

Le fonctionnement du système informatisé de transfert inter-agence COMECI, requiert un certains nombre de compétences humaines. De ce fait, nous estimons pour la maintenance, l'administration, la surveillance du système de transfert, il est souhaitable que l'institution embauche un Administrateur de niveau BAC + 3 en

Informatique avec une bonne manipulation des systèmes d'exploitation tel que Linux, Windows et des bonnes techniques de programmation des applications client/serveur.

QUATRIEME PARTIE :
PHASE D'IMPLEMENTATION DU PROTOTYPE

I. CONFIGURATION MATERIELLE ET LOGICIELLE POUR LA MISE EN PLACE DU PROTOTYPE

Cette phase a consisté en la mise en place d'un prototype représentatif des fonctionnalités du système de transfert. Les ressources existantes (matérielles) ont été exploitées pour cette phase.

1. Configuration matérielle

Le matériel à utiliser pour la réalisation du prototype se compose de deux ordinateurs connectés au réseau local du site central via un Switch.

Les deux postes présentent les caractéristiques minimales suivantes :

- **La machine faisant office de serveur** : Pentium III, 256 Mo de RAM, un disque dur de 20 Go.
- **La machine faisant office de poste client** : Pentium III, 128 Mo de RAM, un disque dur de 10 Go.

2. Configuration logicielle

Pour la réalisation du prototype, un environnement a été mis en place. Rappelons que le poste serveur étant exploité par l'institution pour d'autres tâches, nous avons dû installer nos outils sur l'environnement Windows 7 d'un de nos propres postes de travail configuré comme serveur (contrairement à ce qui aurait été souhaitable, c'est-à-dire la mise en place du prototype dans son environnement de production « **Linux** » conformément au choix effectué au cours l'étude).

Tout compte fait, cette contrainte ne porte aucun préjudice quant à la faisabilité du prototype sous la plateforme Windows. Une adaptation est rapidement réalisable, car les scripts écrits sous **PHP** ont un caractère multi plate-forme.

Sur le poste faisant office de serveur du transfert

- **WampServer** : un outil complet fonctionnant sous Windows et contenant des modules compilés pour l'environnement de travail. Cet outils nous a permis de mettre en place un serveur de base de données MySQL, un serveur d'application Apache et d'exploiter les modules PHP4 déjà intégrés et compilés au sein de cet outil ;
- **Adobe Dreamweaver et Zend Studio** : des outils qui nous ont permis l'écriture des scripts pour la mise en place des composants applicatifs du système.

Sur le poste faisant office de poste Client du système

Cette station de travail joue le rôle de poste client. Il héberge par défaut l'application cliente (Internet Explorer 8 ou Mozilla Firefox) chargée d'établir la communication avec le serveur. Cette application sert d'interface entre les données du système et utilisateurs (Opérateurs, Administrateur) du système de transfert.

II. REALISATION EFFECTUEE POUR LA MISE EN PLACE DU PROTOTYPE

1. <u>Mise en place de la base de données du système</u>

Dans un premier temps, après la mise en place de l'environnement de simulation du système de transfert, la base de données a été réalisée et nommée «**comecitrans** ». Elle se compose de 19 tables toutes intervenants dans l'exploitation et l'administration du système. Ce sont :

Tableau 13 : Description des intervenants du système

TABLES	DESCRIPTION
Agence	Contient les informations sur les différentes agences, le total des transferts émis par jour ainsi que le solde initial à l'ouverture
Agence_op	Contient les informations sur les agences ayant effectués les transferts ainsi que ceux ayant eu à les effectuer
Diffcaisse	Contient les informations permettant de faire des comparaisons du montant physique et celui renvoyé par le système ainsi que l'identifiant de l'utilisateur ayant opéré dans ce module
Groupe	Contient des informations sur les différents groupes d'utilisateurs (Administrateur, opérateur, etc…)
Guichet	Contient les informations sur les différents guichets par agence
Guichet_op	Contient des informations sur les guichets opérants à l'ouverture
Historique	Contient des informations sur les accès effectués au niveau du système afin de garder les traces
Menu	Contient des informations sur les différents menus implémentés au niveau du système
Module	Contient des informations sur les modules implémentés
Param_ag	Contient des informations sur le paramétrage des agences de l'institution
Param_sys	Contient des informations sur le paramétrage du système par l'administrateur
Privilege	Contient des informations sur les privilèges accordés aux utilisateurs
Profil	Contient des informations sur le profil des utilisateurs
Region	Contient des informations sur les différentes régions où se trouvent les agences
Tarification	Contient des informations sur la grille tarifaire des transferts
Transfert	Contient des informations sur les transferts effectués
Transfert_op	Contient des informations sur les codes de transferts, l'identifiant de l'utilisateur et le motif du transfert
Utilisateur	Contient des informations sur les utilisateurs du système
Ville	Contient des informations sur les villes où se trouvent les différentes agences

Source : L'auteur

2. Architecture globale du système de transfert

a. Connexion au serveur

L'appel de l'application de gestion de transfert se fait par la saisie de l'adresse de localisation du serveur (http://127.0.0.1/cometrans/) sur l'interface cliente du poste de travail. Cette URL sera utilisé dans ce cas où nous sommes sur le poste client actuel étant donné que nous ne l'avons pas encore configuré sur le serveur distant.

Le lancement se poursuit par la présentation d'un écran de demande d'authentification qui exige un nom d'utilisateur (**Username**) et un mot de passe (**Password**). La validation de cette interface conduit l'utilisateur dans l'espace de travail que le système lui reconnaît et ouvre une session pour celui-ci.

Figure. 15 « Interface de Connexion au Système de transfert »

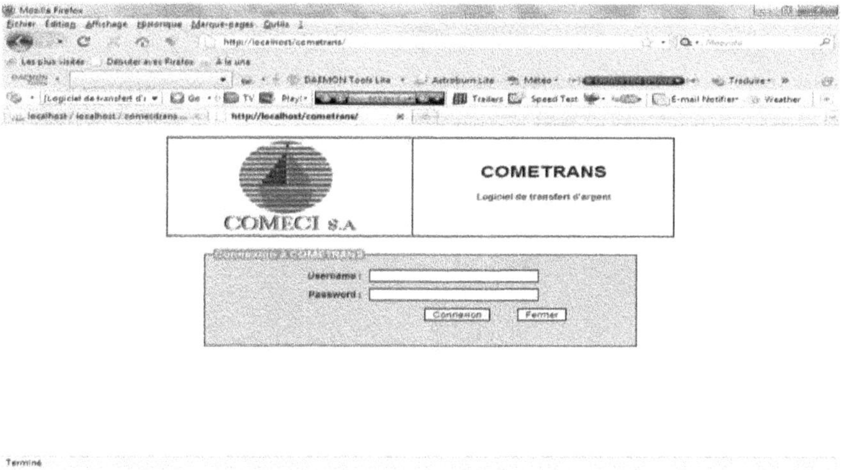

Source : L'auteur

b. Environnement de travail des opérateurs du système

Figure 16 Page d'accueil

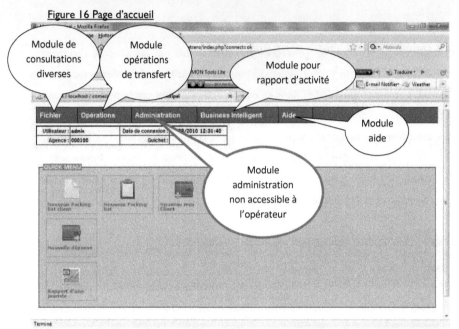

Source : L'auteur

c. Formulaire pour envoyer un transfert

Figure 17 Envoi d'un transfert

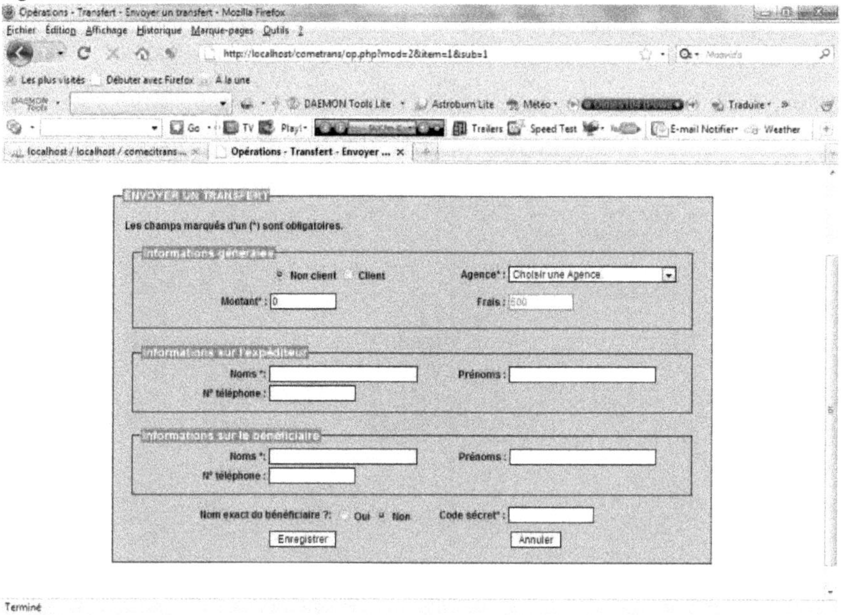

Source : L'auteur

d. Formulaire pour recevoir un transfert

Figure 18. Réception d'un transfert

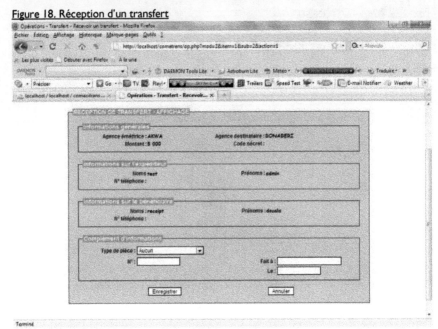

Nous rappelons que pour des raisons de respect du volume du mémoire, toutes les maquettes du prototype réalisé ne seront pas présentées.

CONCLUSION

Le mémoire de fin d'études s'est déroulé en deux phases principales. La première, celle de l'étude conceptuelle et technique, nous a permis de proposer à l'institution , une solution pour la conception du système d'information et une solution technique réalisable pour la mise en œuvre d'un système de transfert d'argent couvrant l'ensemble de ses 21 agences sur l'étendue du territoire national ceci afin de résoudre les problèmes de lenteur appréhendé dans le système actuel.

La seconde phase a consisté en la réalisation du prototype par l'implémentation de certains modules de gestion du système en vue de produire un logiciel adapté et spécifique à des tâches bien précises.

Notons que le thème « Etude et mise en place d'un système informatisé de transfert d'argent inter-agence COMECI » a été d'un apport considérable pour nous, car il nous a permis de mettre réellement en pratique les connaissances acquises théoriquement durant notre formation et de les approfondir à travers de nombreuses recherches qui ont été effectués dans le cadre de ce mémoire malgré les difficultés liés à des contraintes d'autres missions assignées durant notre période de stage à la banque.

La réalisation effective de ce système de transfert permettra sans doute à COMECI entre autre de :

- disposer d'un système de transfert personnalisé COMECI, centralisé à Akwa-Douala
- d'ouvrir ses portes à de nouveaux clients
- répondre aux besoins du marché économique

Nous espérons que le présent mémoire sera d'un apport notable dans ce projet initié par nous et nous souhaitons que l'institution le prenne en considération dans la mesure du possible.

ANNEXES

➢ **Ouvrages**

- Christian SOUTOU, **Apprendre SQL avec MySQL,** Eyrolles 2006 ;
- Damien SEGUY, Philippe GAMACHE, **Sécurité PHP5 et MySQL**, Eyrolles, 2006 ;
- Jean-Marie DEFRANCE, **PHP/MySQL avec Dreamweaver 8**, Eyrolles, 2006 ;
- Laurent AUDIBERT, **UML** 2.0, IUT de Villetaneuse-Département d'informatique.

➢ **Rapports, cours, magazines**

- Dossier des ressources informatiques de COMECI ;
- Alexandre POTTIEZ, *Développez, Le Mag*, Edition de Août-Septembre 2010 ;
- Lydie PENGWINDE GUISSOU, Université Polytechnique de Bobo-Dioulasso (Burkina- Faso), *Etude et conception d'un système de transfert de fonds à la BIB.*

➢ **Sites web**

- www.developpez.com du 19/08/2010 ;
- www.fortisnet.fortisbanque.fr/secure/fr (notes d'informations sur les opérations bancaires en ligne) ;
- www.zataz.net/replication-mysql.php (informations sur les techniques de réplications de données d'une base maître vers une ou plusieurs bases esclaves) du 10/09/2010 ;
- www.envoyersms.org/api (informations sur les API d'envoi des *sms*) du 10/09/2010 ;
- www.interscansys.com .

DEFINITIONS

- **Protocole** : ensemble de règles établies pour assurer la communication entre plusieurs entités.

- **SSL** : Socket Secure Layer. Protocole utilisant dans son fonctionnement une clé privée pour crypter les données transférées à travers une connexion SSL. Les adresses de pages qui requièrent une connexion SSL commence par **https** au lieu de **http**.

- **ActiveX** : composant additionnel permettant de lier un objet à une application

- **Poste Client** : Ordinateur qui accède aux ressources partagées fournies par un serveur de réseau

- **GPL** : General Public Licence(Licence publique générale GNU). C'est la licence libre la plus utilisée dans le monde.

- **HTTP**: HyperText Transfert Protocol. Protocol permettant les échanges entre les différents systèmes d'information hypermédia du réseau. Il est le résultat des travaux du projet WWW du CERN.

- **HTTPS** : Transfert de protocole hypertexte, sécurisé. Protocole permettant des échanges sécurisés entre le client et le serveur.

- **HTML** : Hyper Text Markup Language : Langage permettant l'affichage des pages web

- **DHTML** : Dynamic Hyper Text Markup Language: Extension du langage HTML

Organigramme de la Direction Générale

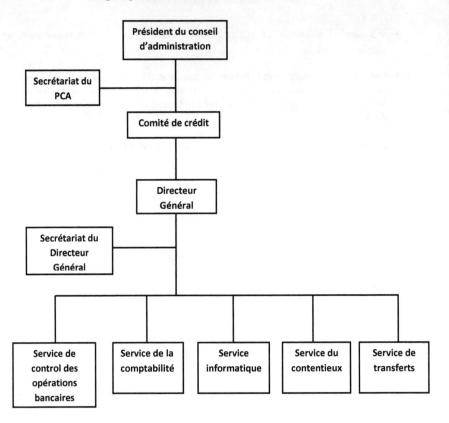

Organigramme de l'Agence de Bonabéri

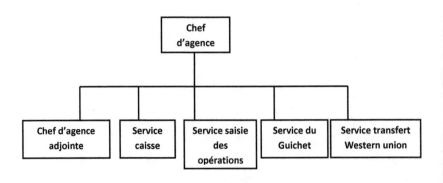

Le Réseau national de COMECI

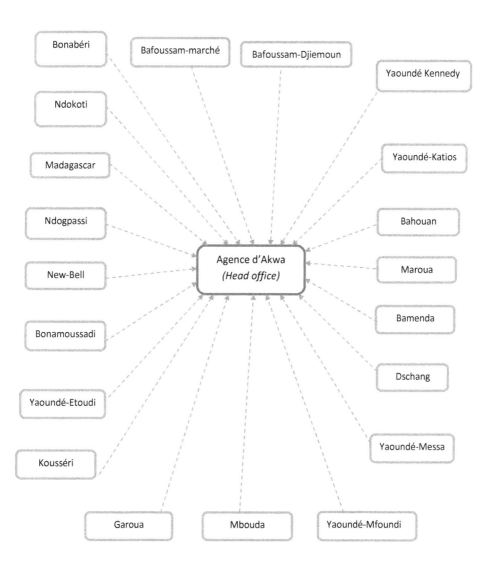

Diagramme de GANTT relatif à la planification du Projet

Tâches

* Recueil d'informations sur l'existant ;
* Analyse et conception de l'application ;
* Test de vérification des données recueillies par rapport à la conformité attendue ;
* Implémentation de la base de données et test ;
* Implémentation des différents modules de l'application sous Adobe Dreamweaver ;
* Vérification des modules par rapport aux données de conception.

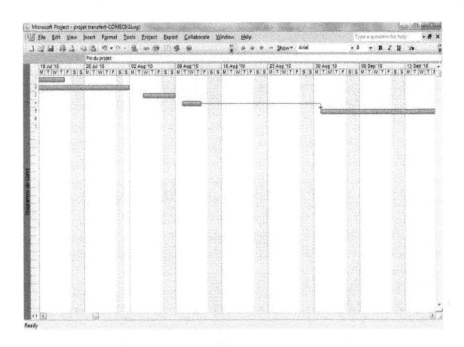